DERNIÈRES OPÉRATIONS

DE

L'ARMÉE D'AFRIQUE,

par

M. LE MARQUIS DE LA TOUR-DU-PIN,

Officier supérieur au Corps royal d'État-Major, etc., etc.

1846.

Rethel, Imprimerie de Beauvarlet.

DERNIÈRES OPÉRATIONS

DE

L'ARMÉE D'AFRIQUE,

par

M. le Marquis DE LA TOUR-DU-PIN,

Officier supérieur au Corps royal d'État-Major, etc., etc.

Depuis plusieurs mois, des événemens brusques et bruyans ont envahi la scène africaine, qui un instant avait semblé inanimée et silencieuse. Bou-Maza et tous les imitateurs subalternes de son audace, tous les usurpateurs de son nom, sont venus jouer le prologue et réveiller le zèle des acteurs, l'attention des spectateurs du drame. Bientôt après les héros ont paru, les accidens se sont compliqués, les péripéties se sont pressées, et aujourd'hui la France regarde avec étonnement, avec inquiétude, avec ressentiment, tout ce chaos de faits malheureux qui, coup sur coup, tombent les uns sur les autres, poussés par une effrayante fatalité. L'émotion actuelle ne laisse peut-être pas aux esprits assez de liberté pour reconnaître le sens et la portée des événemens et pour attribuer à chacun ce qui lui appartient, aux hommes ce qu'ils ont pu mêler d'erreurs dans leurs déterminations, aux choses ce qui se trouve dans la situation africaine de difficultés inévitables, et tous ces écueils naturels à travers lesquels la prudence humaine doit naviguer par les manœuvres les plus délicates et toujours sous la menace de se heurter contre Charybde, lorsqu'elle cherche à éviter Scylla.

Après la bataille d'Isly et les brillans faits d'armes de notre marine sur les côtes du Maroc, on crut pouvoir s'endormir sur les lauriers; bien des questions cependant restaient à résoudre, mais à toutes les interpellations qu'on adressait au pouvoir, on crut répondre en montant au Capitole, et la foule se tut et suivit. Cependant Abd-el-Kader ne tenait pas sa défaite, comme nous autres notre victoire, pour un fait accompli et immuable. Il profitait des loisirs que lui faisait notre quiétude au milieu du triomphe, notre timidité dans les arrangemens diplomatiques, pour reprendre secrètement à la fortune quelques-uns des avantages qu'elle lui avait enlevés avec éclat. Comme le vaillant assiégé répare pendant la nuit et en silence la brèche que le canon a faite pendant le jour à ses remparts, Abd-el-Kader travaillait sourdement à retirer de dessous les décombres quelques débris de son établissement, à les transporter sur le sol du Maroc, et à les y asseoir dans un ordre pareil à celui d'autrefois. Sur cette terre encore ferme sous ses pas, qui avait été le berceau de sa famille et devenait son asile, il s'ingéniait à reconstituer dans de moindres proportions, et avec des élémens choisis et épurés, une nouvelle patrie à l'image de celle que la force lui arrachait, mais que sa volonté cherchait à lui rendre. Il transportait au-delà de la frontière française une jeune Algérie qui devait avoir, comme l'antique Janus, deux faces, tournées l'une vers l'Algérie française, l'autre vers l'empire du Maroc, toutes les deux guerrières et menaçantes. Qui a sondé la pensée de cet homme? qui a mesuré l'étendue de son ambition? Sait-on s'il ne voyait pas dans l'avenir le centre mahométan qu'il fondait sur le roc des plus âpres montagnes et au milieu des populations les plus farouches attirant à soi, de l'est et de l'ouest, et les populations honteuses du joug chrétien et la partie la plus croyante et la plus énergique des sujets d'Abderhaman, jalouse de se retremper dans une vie austère et belliqueuse? Alors il eût occupé une position formidable entre le chef abaissé et les ennemis de sa foi, et dressé un drapeau rival d'orthodoxie pour détourner vers ce signe nouveau les regards des fidèles, habitués à se porter ailleurs, imitant ce roi d'Israël qui avait bâti un temple sur la route de celui de Jérusalem.

Mais c'est peut-être à tort que les oisifs supposent aux hommes pratiques d'aussi vagues horizons. Les premiers, que rien n'arrête dans leur puissance d'expansion, sont entraînés par la force logique au-delà des limites du nécessaire jusqu'à celles du possible. Leur pensée tend à se développer en une sphéricité parfaite; c'est l'onde qui, formée au milieu des mers par l'impulsion du moindre accident, va toujours agrandissant son cercle, jusqu'à ce qu'elle rencontre le rivage. L'homme mêlé aux affaires positives et à la vie de ses semblables, qu'il veut diriger, est contenu par la réalité en des efforts plus serrés et plus efficaces, et, s'il va loin, ce n'est pas qu'il se soit mesuré tout d'abord une carrière immense : c'est que du premier coup d'œil il a choisi la ligne qui passe par tous les buts à atteindre; c'est qu'en portant son regard seulement sur l'objet le plus prochain, il l'a considéré sous un angle tel que tous les développemens ultérieurs s'y sont trouvés compris. Dirigé par un profond sentiment des lois qui dominent et entraînent les volontés humaines, il n'a pas une conception, ne fait pas un acte qui ne soient marqués de je ne sais quel caractère de généralité, en sorte que dans ses mouvemens les plus définis, les plus restreints à un cas actuel et particulier, il semble vouloir préparer et atteindre l'avenir.

Abd-el-Kader n'est certes pas un fondateur de droits nouveaux : c'est un défenseur de droits anciens; mais, s'il n'est pas un homme du génie, il a du moins le génie de son emploi. A ce titre de héros représentant d'une nationalité, il a quelques-uns des priviléges des créateurs, et particulièrement ceci, que dans ses déterminations il y a, quelquefois même à son insu, une portée plus grande et plus haute que la visée. Il fallait donc, même après la bataille d'Isly, surveiller avec une sévère attention les moindres mouvemens, le moindre souffle de ce fugitif toujours à craindre, quoiqu'il semblât alors alourdi par le poids sinon de la honte, au moins des conséquences morales de la défaite du prince marocain.

Cependant le vaincu faisait sur nous, sans bruit et sans guerre, des conquêtes qui n'étaient pas sans importance : il nous enlevait non des terres, mais des hommes. Une sourde émigration appauvrissait les populations de notre frontière occidentale au profit des rassemblemens qui se formaient autour de l'émir. Ce n'était pas un grand mouvement de masses franchissant le Rubicon en plein jour; c'était un pèlerinage silencieux, mais presque incessant, d'individus que des sentimens et des idées supérieurs à ceux du vulgaire ou une invitation spéciale d'Abd-el-Kader appelaient loin de leurs foyers à la vie d'apôtre. On aurait arrêté un torrent; on ne savait comment mettre fin à ces infiltrations par où les eaux s'échappaient de nos canaux, pour passer souterrainement dans le bassin qui leur était creusé sur le territoire ennemi. Toutefois, vers le commencement et pendant le cours de l'été, M. le général Cavaignac, par plusieurs coups de main hardis, et ensuite par de lentes et patientes manœuvres au sud de Sebdou, dans les plaines désolées des Chotts, parvint à faire refluer vers l'intérieur de grandes fractions de tribus méridionales qui, entraînées en partie par leurs intérêts mercantiles, en partie par les suggestions de l'émir, voulaient abandonner nos marchés pour ceux du Maroc. La présence d'Abd-el-Kader agissait sur le milieu où il vivait. Les sociétés religieuses s'agitaient, s'échauffaient, et de leur fermentation faisaient sortir Bou-Maza et ces autres prédicans qui se sont abattus presque en même temps sur diverses parties de l'Algérie, sans plan, sans idée d'ensemble, mais remuant les populations et y jetant des semences de révolte dont Abd-el-Kader espérait bien récolter les fruits. La plupart d'entre eux ne prenaient pas le mot d'ordre de ce chef, qui aurait dû, ce semble, rattacher à lui toutes les puissances hostiles à la France. Les plus réfléchis le trouvaient trop grand dans leur intérêt personnel; les plus enthousiastes et les plus sincères, trop grand dans l'intérêt de leur sainte cause. Ceux-ci craignaient qu'en lui l'élément individuel et humain n'eût triomphé de l'élément religieux et divin, et que, dans la lutte entre les deux principes, l'homme n'eût terrassé l'ange. Quoi que l'on fît pourtant, les bénéfices de l'agitation allaient, par la pente naturelle des choses, tout droit à Abd-el-Kader.

Dès le mois de juillet, l'émir avait autour de lui plus de trente mille ames; déjà il prenait une sorte d'offensive qu'on pourrait appeler latente, en envoyant des sicaires qui, isolés, inquiétaient les communications par des assassinats, ou, réunis en petites bandes, troublaient par des vols de bestiaux les groupes de tentes placés le long des routes pour en garantir la sûreté, et les fractions de tribus chargées de quelque mission spéciale par l'autorité française. Cette situation ne pouvait échapper aux regards de nos généraux. Ceux de la province d'Oran la connaissaient : ils n'ont pu la laisser ignorer au gouverneur-général ; mais on serait en droit de croire que personne n'en tira les inductions qui eussent amené à prévenir l'explosion du mal. M. le maréchal Bugeaud quitta l'Afrique pour la France, et M. le général de Lamoricière Oran pour Alger. Abd-el-Kader, jugeant qu'à aucun autre moment peut-être il ne retrouverait en même temps ses amis aussi bien préparés et ses ennemis aussi tranquilles, chercha une occasion de mettre à profit l'excitation des uns et la sécurité des autres. On sait ce qui suivit : l'ardeur impatiente du colonel Montagnac se précipitant dans un piége inéluctable et ces nouvelles Thermopyles marquées du sang généreux de plusieurs centaines d'hommes, qui combattirent jusqu'à la mort, non pour vaincre, mais pour périr dignement.

Les Arabes ne sont pas de fins appréciateurs en matière de succès, et ils sont volontiers de l'avis de cet empereur romain qui trouvait que le cadavre d'un ennemi sent toujours bon. Aussi ils jouirent avec exaltation de ce triomphe sans gloire ; chaque groupe de populations eut son agitateur ; chaque marché devint le centre d'une insurrection ; la révolte suscitée à une extrémité du pays par une sorte d'accident gagna et se répandit dans tous les sens avec une incroyable rapidité, comme ces feux que le laboureur arabe allume dans son champ pour le préparer à la culture, et qui, poussés par le vent d'ouest et alimentés par les herbes sèches, transforment instantanément en une mer de flammes la plaine immense. De l'ouest partait le coup ; de là, le souffle moral et les ressources matérielles. Là était la base d'opérations de l'ennemi. Les premiers regards et les premiers mouvemens se tournèrent donc de ce côté, et MM. les généraux de Lamoricière et Cavaignac, par un heureux combat contre les Traras, ouvrirent une voie où l'on supposait assez généralement que les efforts ultérieurs devaient se porter.

Beaucoup pensaient que le gouverneur, à son retour de France, irait débarquer à Oran même et ne ferait que toucher à Alger, pour se diriger immédiatement après vers la frontière de l'ouest. On a même prétendu que telles avaient été les intentions annoncées d'abord par M. le maréchal Bugeaud, et l'on avait pu espérer que l'épée du soldat rétrécirait et serrerait autour de l'empereur du Maroc le cercle si large qu'avait tracé la plume du négociateur; mais, une fois arrivé au centre de nos possessions, le gouverneur, frappé par des événemens plus récens et plus prochains, laissa peu à peu sa pensée et sa volonté se retirer des grands et lointains horizons vers des faits qui semblaient plus saillans, parce qu'ils étaient plus rapprochés. L'insurrection commençait à se montrer au sud de la province d'Alger, et, si elle n'avait pas encore pénétré dans le corps de la place, elle en insultait l'enceinte. Le coup de main tenté contre notre établissement d'Aïn-Teucria était comme la lance enfoncée par bravade dans la porte de la ville. Le premier feu de colère allumé par la nouvelle du massacre de Djemmâ-Ghazaouât commençait à tomber et laissait place à la réflexion, à la liberté dans le choix des opérations. On se mit à agiter toutes ces questions insolubles que se pose sans fin la prudence, lorsqu'elle consiste moins à entourer un projet de toutes les chances possibles de réussite qu'à en découvrir et à en examiner une à une toutes les difficultés. Pouvions-nous marcher en avant sans avoir éteint derrière nous les foyers d'insurrection, qui se raviveraient et s'étendraient en proportion de notre éloignement? Fallait-il laisser les tribus fidèles exposées aux ressentimens de celles qui s'étaient soulevées et dont l'impunité doublerait l'audace? Étions-nous suffisamment préparés pour aller atteindre et abattre le drapeau d'Abd-el-Kader sur le territoire marocain, et au milieu des puissans montagnards qui l'abritaient derrière la masse de leur population et les difficultés de leur territoire? Le génie triste et froid qui se complaît à énoncer les objections et à montrer les côtés embarrassans des choses dévore, comme l'antique Sphinx, ceux qui l'abordent sans avoir d'avance trouvé une réponse nette à ses interrogations, et sans être tout armés pour soutenir résolument le sens de leur réponse. Modéré peut-être par la crainte de paraître plus aventureux qu'il ne convient à sa position, M. le maréchal Bugeaud se décida à ne s'avancer vers les parties du territoire les plus directement menacées par l'émir qu'après avoir décrit du nord au sud et de l'est à l'ouest une grande courbe passant par tous les lieux où les tribus s'étaient montrées agressives ou incertaines, où il se trouvait des populations à châtier, à protéger ou à raffermir : c'était se donner pour champ de manœuvres presque toute l'étendue des provinces d'Alger et d'Oran, pour tâche une pression ou une action à exercer sur presque tous les points de cette surface.

Encore deux semaines, et il se sera écoulé cinq mois depuis le moment où M. le gouverneur est entré en campagne, et, pendant tout ce laps de temps, on n'a rien fait autre que de contenir ou punir quelques populations, et plus tard d'observer et de suivre les mouvemens d'Abd-el-Kader. A chaque pas que l'on faisait, on rencontrait une nouvelle trace de défection, une nouvelle occasion de sévir, et les nécessités de ce genre, se rattachant les unes aux autres, ont formé une chaîne continue qui a traîné nos troupes haletantes dans toutes les vallées, sur les pentes de toutes les montagnes, à travers les accidens de toutes les saisons. Lorsque, dans l'espace compris entre le Chélif, la Mina et la limite méridionale du Tel, les tribus, foulées et refoulées sous les pas de nos soldats, commençaient à s'affaisser, Abd-el-Kader, dont cet accablement servait mal les intérêts, parut tout à coup, marchant sur notre trace, pour arracher les élémens de pacification à mesure que nous les semions. Il ne voulait pas que l'apaisement de la contrée orientale rendît à nos colonnes la liberté de se reporter et de se concentrer dans les provinces de l'ouest; sachant l'inquiétude que lui-même et les Français inspiraient à Abderhaman, il craignait que celui-ci, menacé d'une invasion, ne menaçât à son tour les rassemblemens et dépôts formés sur le territoire marocain, et qui servaient de base aux Arabes hostiles à la France.

Au sud du grand massif de pays montagneux qui, vers le nord, s'avance, pareil à un bastion immense, dans l'angle formé par le Chélif et la Mina, et que domine comme une citadelle le roc culminant de l'Ouarenséris, s'étend, entre les sources de la Mina et les contre-forts sud du Djébel-Dira, une haute plaine qu'on nomme Sersou. Elle est bornée au sud par une chaîne de montagnes peu élevées courant de l'est à l'ouest, et qui la sépare de la région des sables. C'est un terrain intermédiaire jeté entre les terres productives et les terres absolument stériles, comme il existe sur beaucoup de rivages des marais salés qu'une barre isole de la mer. Quelques rares et faibles ruisseaux, dont un devient plus tard le grand Chélif, divisent cette étendue en plusieurs plateaux dont les bords sont profondément découpés par tous les méandres de ces cours d'eau, qui se plient et se replient cent fois sur eux mêmes comme des serpens blessés. Cette contrée, cultivable seulement par zones étroites, est parcourue par les Ahrars, grande tribu de pasteurs qui possèdent d'immenses troupeaux, se livrent à la fabrication des étoffes de laine, s'approvisionnent en grains chez les tribus du Tel, craignent la guerre, et ne demandent jamais à la force, qu'ils pourraient trouver dans leur nombre et leur richesse, ce qu'ils peuvent obtenir de la ruse, de la perfidie, et de leur habileté à se ménager des intelligences dans tous les partis. Ce long espace, dont les défenseurs naturels, par timidité et prudence, ne veulent pas garder les passages, et que nous ne pouvons faire surveiller rigoureusement et long-temps par notre cavalerie, puisqu'on ne peut y nourrir les chevaux des produits du sol, est comme un bras de mer sans ports d'observation, où l'ennemi navigue sûrement et secrètement, pourvu qu'il se tienne hors de portée et hors de vue des promontoires de la côte.

C'est en effet par le Sersou qu'Abd-el-Kader arriva pour prendre à revers toutes les tribus que nous venions de comprimer ou d'apaiser. Longeant à distance la lisière du Tel, et se conformant à tous nos mouvemens, il nous devançait chez les populations ou nous y suivait, selon les besoins de sa politique, pour y prévenir ou y effacer les effets de notre présence. Serré de trop près, il s'échappait vers le sud, chez ces tribus trop nombreuses pour que nous puissions y pénétrer avec une colonne incomplète, trop pauvres en grains pour que nous puissions y conduire, à moins de préparatifs spéciaux, un corps régulièrement composé, mais où l'émir, accueilli en hôte si ce n'est en maître, recevait le nécessaire pour sa petite troupe de cinq ou six cents cavaliers. Quand ses chevaux s'étaient fatigués en fatiguant les nôtres, il les conduisait par cette grande route de Sersou, toujours ouverte, vers la pointe est des Chotts, où d'avance on lui avait amené des combattans et des montures frais et reposés.

Ainsi, après avoir couru pendant deux mois après les tribus fugitives, les troupes, pendant deux autres mois, coururent après Abd-el-Kader. Il s'agissait tantôt de se jeter entre lui et des alliés fidèles qu'il menaçait, tantôt de barrer le passage à des populations que ce rude pasteur d'hommes cherchait à pousser, comme de grands troupeaux, vers la frontière du Maroc, toujours d'étouffer dans leur germe des événemens qui, abandonnés à eux-mêmes et sans compression, auraient pris un développement funeste. Tandis que les Français poursuivaient une tâche à peu près négative pour éviter un mal, plutôt que pour obtenir un succès, l'ennemi, au contraire, libre dans ses directions et certain, en quelque endroit qu'il se portât, de nous nuire, ne fût-ce que par sa seule présence, marchait toujours armé d'un projet à double tranchant. S'il l'émoussait d'un côté sur un obstacle que nous lui opposions, il le retournait et frappait dans un autre sens un coup qui nous blessait.

C'est ainsi que dans les premiers jours de février Abd-el-Kader était lancé en pleine opération à travers ces flots de populations méridionales, qui, comme une mer baignant deux rivages, touchent à la fois aux limites sud du Titeri et aux limites sud-ouest de la province de Constantine. De là il pouvait se jeter, selon l'occasion, sur la Medjena, le Hodna, le Jurjura, et sur nos alliés au sud de Boghar. Il avait d'ailleurs un intérêt sérieux à vivre au milieu des Ouled-Naïls, tribu riche en population, en troupeaux, en chevaux et en guerriers, et fière de son indépendance, qu'elle croit hors de notre atteinte. Ces Sahariens, quoique obligés de vivre des céréales achetées dans le Tel, ne s'approvisionnent pas directement sur nos marchés. Les flux et reflux périodiques de leurs migrations commerciales ne les portent pas jusque dans ce qu'on pourrait appeler l'enceinte française, mais glissent le long de cette frontière et expirent au dehors sur le territoire de tribus intermédiaires; ce sont ces dernières qui achètent les grains de l'intérieur, et en revendent une partie à ce peuple presque étranger. Celui-ci, ne nous voyant que de loin, juge mal notre taille, et s'imagine tenir à l'abri de notre mauvais vouloir et de nos tentatives ses transaction mercantiles, parce qu'elles sont indirectes, et son pays, parce qu'il est protégé par l'éloignement, par l'extrême rareté de l'eau et par ce ciel du désert, pendant neuf mois *fermé et devenu d'airain*, qui interdit à nos colonnes l'entrée de cette région mieux que ne le pourrait faire un rempart.

Occuper une pareille position, pour Abd-el-Kader, c'était un succès; la quitter et se porter de là sur un quelconque des points par où il pouvait rentrer dans l'établissement français, c'était un succès encore. Si on lui eût permis de manœuvrer à loisir dans le sud, il aurait fini par troubler cette province de Constantine dont le calme nous est plus que jamais nécessaire; inquiété dans ses projets par l'approche de plusieurs colonnes convergeant vers sa retraite, il a bondi jusque sur les versans du Jurjura, où il a en un instant relâché et à moitié tranché ces liens de sujétion et de rapports amicaux avec les Flittas et les Issers que depuis près de deux ans nous nous occupions à affermir par la paix, après les avoir noués et serrés par la guerre; c'est là un exemple de l'avantage qu'a sur nous Abd-el-Kader. Nous ne pouvons obtenir, par de rudes travaux et des mesures habilement combinées, rien autre que le maintien de l'ordre établi, en sorte que le public, voyant les choses couler dans le même lit, ne s'imagine pas que c'est à force de digues laborieusement élevées qu'on a empêché les débordemens et les ravages.

Telle est à peu près la série d'événemens qui s'est déroulée depuis la fin d'octobre jusqu'à ce jour. Les résolutions prises ont suivi assez naturellement, ce me semble, le courant des faits; la défection et les déprédations de certaines tribus ont fait croire à la nécessité de les réprimer; l'apparition d'Abd-el-Kader a imposé cette conviction, qu'il fallait avant tout poursuivre à outrance cet homme fatal, pour rompre par l'action du sabre le charme attractif qu'il exerce sur les Arabes, et pour empêcher tout long contact entre lui et les populations, que son regard met en feu. On ne peut certes pas accuser de telles idées d'être bizarres et arbitraires, et de ne pas être tirées du fond même du sujet; ce qu'on pourrait au contraire leur reprocher, c'est d'avoir été ramassées trop facilement à la surface des faits. Mais si, au lieu d'attaquer le mal dans les manifestations les plus éclatantes et les plus en dehors qu'il produisait, on eût résolu de l'attaquer dans les racines cachées, souterraines, par où il tenait au sol et s'alimentait; si, ne laissant que de faibles colonnes à la garde du pays central, donnant beaucoup de latitude à l'insurrection et de carrière à l'émir, on eût porté toutes les forces disponibles vers le Maroc, pour briser la base d'opérations d'Abd-el-Kader, ressaisir les populations algériennes réunies sous son drapeau, frapper à grands coups les hordes marocaines, qui fournissent à notre ennemi le feu et l'eau, la terre, des armes, des hommes, et inspirer à Abderhaman cette crainte salutaire qui, pour lui comme pour presque tous les barbares, est le seul commencement possible de la sagesse; si entre l'inauguration et l'accomplissement de cette œuvre le succès, qui ne vient qu'à son heure, se fût un peu fait attendre, que la révolte eût entouré la Mitidja, Miliana, Orléansville, d'un cercle serré de populations en armes, et qu'Abd-el-Kader, voulant essayer une grande diversion, fût venu contempler Alger des hauteurs de Mousaïa, quelles clameurs eût poussées la presse parisienne, et avec quelle colère n'eût-elle pas lacéré ce plan de campagne, que cependant beaucoup de bons esprits classent aujourd'hui parmi les meilleurs qu'on pût adopter ! Il est des malheurs qu'il faut prévoir, non-seulement pour les éviter, s'il se peut, mais encore pour les supporter avec calme, s'ils sont inévitables. Tout ce qui vient de se passer en Afrique était dans l'ordre, non des choses nécessaires, mais des choses possibles. Dire qu'avec un certain dégré de surveillance, d'activité, d'habileté, qu'avec une tenue parfaite sur la ligne exacte du mieux possible, on ne se fût pas rendu maître des mauvaises chances, nul ne le peut; mais c'est évidemment une erreur que d'attribuer uniquement aux fautes commises, à l'emploi de tel système, à la présence de telle personne, l'explosion des circonstances actuelles. La tendance à la révolte et aux prises d'armes est et sera pendant long-temps encore chez les Arabes, non l'état exceptionnel, mais la manière d'être habituelle; non une disposition passagère résultant d'une circonstance déterminée, d'un mécontentment positif, mais une force spontanée, persistante, dont l'immobilité ne s'obstient qu'à l'aide d'une pression continue, et dont la réaction est proportionnelle à la diminution de l'effort exercé pour la comprimer.

Pour les Arabes, l'activité guerrière, c'est la vie. Leur existence est dure et monotone : chez eux, les rapports de familles sont lourds et froids; le soin de la terre, abandonné aux mercenaires; les distractions, comme la chasse, les réunions chevaleresques à l'époque des grandes fêtes, ou les folles joies dans quelque coin des villes, rares, dispendieuses et courtes; les occupations que donne la culture de l'esprit, nulles. On demandait à un jeune homme, fils de l'aga des Sindgès, tué pour notre cause, s'il savait lire. Pour toute réponse, il fit un signe négatif, et d'un geste orgueilleux montra ses éperons. L'action, l'action, c'est l'élément dont se nourrit l'Arabe, c'est le milieu dans lequel il s'épanouit. Semer l'intrigue, recueillir l'agitation, l'attente, l'émoi, c'est là son drame, son spectacle, sa poésie. Courir les marchés, réunions où se traitent toutes les affaires publiques, traîner un certain nombre de volontés à la remorque de la sienne, combattre des influences rivales, organiser des coups de main contre une tribu ennemie, agrandir sa personnalité et diminuer celle des autres, c'est là sa carrière politique. Est-ce par la lente culture, est-ce par l'industrie, par la spéculation, qu'il augmentera sa fortune ? Non; c'est par le pillage, par l'invasion, au premier prétexte de querelle, sur le territoire de ses voisins, par le rapt de leurs troupeaux, de leurs tentes, de leurs femmes et enfans, qu'on leur fera racheter à beaux deniers comptans. Il faut voir un Arabe lorsque, dans une expédition, il tombe sur la trace des bestiaux qui fuient et se dérobent ! Comme son œil s'allume ! comme sa parole éclate en sons impétueux et saccadés ! comme il se grandit sur son cheval ! Il est vrai que, si la médaille est d'or, elle n'est pas sans revers. Aujourd'hui on a le bonheur et la gloire d'être spoliateur, on aura demain le chagrin et la honte d'être spolié, car dans le monde civilisé ou barbare on chemine toujours entre un plus fort et un plus faible que soi ; mais l'Arabe a la philosophie du joueur : il trouve dans le gain une excitation à poursuivre un gain supérieur ; dans la perte, une invitation à épuiser la mauvaise veine jusqu'à ce qu'il parvienne à saisir sa revanche. Cependant il arrive en dernier lieu que chacun est moins riche que s'il était resté tranquillement chez soi ; les troupeaux, traqués dans les montagnes comme des bêtes fauves, sont décimés par la fatigue ; les enfans périssent de misère, quelques hommes par le fer ou le plomb ; en fin de compte, il n'y a, à ce jeu, que la mort qui ait gagné. Mais on a nagé à pleins flots dans les passions, on s'est enivré de désirs, on s'est exalté dans le triomphe, ou l'on a rêvé dans la défaite les joies de la vengeance ; on a vécu. Le plus souvent la guerre ne tient ni au fanatisme religieux ni à l'appel d'Abd-el-Kader ou de tout autre chef influent, ni à quelque grief réel contre le gouvernement des Français : la guerre a sa cause véritable en elle-même, et tout ce qui vient du dehors n'est que prétexte. Les Arabes prennent les armes par cette seule raison, que depuis huit mois, un an, il les ont déposées et ne veulent pas les laisser rouiller, parce que, dans les ennuis du repos, ils se forgent mille illusions pour s'expliquer et se déguiser leurs anciens désastres, et pour se promettre une fortune toute nouvelle dans de nouvelles hostilités.

Ce n'est donc pas un phénomène passager que cette succession régulière de soulèvemens et d'apaisemens dans les populations africaines ; c'est le résultat d'une loi de leur nature et de leur organisation. C'est en les atteignant dans leurs mœurs, c'est en modifiant le milieu où elles vivent, qu'on parviendra peu à peu à transformer leur constitution. La guerre cessera, non pas lorsque nous ne la ferons plus, ou qu'avec de la cavalerie, comme le veulent certaines personnes, ou que d'une manière défensive, comme le demandent certaines autres, mais lorsque les Arabes cesseront d'être possédés du démon de la guerre, de naître, de grandir, de vivre dans la guerre et pour la guerre. Le temps, le remplacement des générations actuelles par de jeunes générations formées sous d'autres influences, la multiplication de nos rapports avec les indigènes, l'eveil chez ces derniers d'instincts et de goûts qui sommeillent maintenant, voilà ce qui, par un progrès continu, mais lent, amènera la transfiguration de cette terre qui, aujourd'hui, comme celle de la Cadmée mythologique, ne produit que des soldats armés pour combattre les civilisateurs, et qui plus tard se couvrira aussi des riches produits de la civilisation. La France a un tempérament porté à l'irritation et à l'impatience ; son sang circule avec force et rapidité, et quelquefois il lui arrive de mesurer le temps, non aux régulières oscillations du grand pendule des siècles, mais aux pulsations de son cœur. Tout ce qui retarde sur son désir lui paraît retenu par quelque accident, par quelque désordre arrêtant la marche naturelle des choses. Lorsqu'on a vu en France que la guerre apparaissait de nouveau en Afrique, on n'a pas compris d'où elle pouvait tomber. On en a accusé les personnes, on en a accusé les idées. Chacun a vu dans cet événement la confirmation de ses prévisions, la condamnation des systèmes qu'il avait condamnés, la démonstration par le fait des vérités qu'il avait démontrées théoriquement. On en a pris acte pour remettre au rôle du tribunal de l'opinion des causes qui depuis long-temps semblaient jugées. On a nié le progrès.

Les phrases, en effet, sont les mêmes qu'il y a quatre ans ; on parle encore comme alors d'expéditions, de populations armées, de combats même ; mais il faut voir si cette couche de mots semblables pose sur des réalités pareilles. Il y a quatre ans, la guerre, c'était une série de combats s'allongeant de Blida jusqu'à Miliana ou Médéah, et une haie épaisse d'Arabes guerroyans qui bordait, sur une longueur de vingt-cinq ou trente lieues, la route que suivaient nos colonnes; c'étaient les éclairs de la mousqueterie commençant à luire avec les premiers rayons du soleil et s'éteignant avec les dernières clartés du jour, les pitons des montagnes disparaissant sous les burnous blancs des Kabaïles, tous les passages de ravins vivement défendus, nos arrière-gardes suivies pied à pied par un ennemi ardent et alerte, prompt à sentir la moindre erreur commise par nous et à en profiter, à saisir le moindre défaut de la cuirasse pour y enfoncer le fer avec précision, avec vigueur et rage : il nous fallait alors concentrer nos forces, et faire des trouées dans de grandes masses que rassemblait et dirigeait une certaine unité d'idée et de volonté. Aujourd'hui on sait qu'un pays est en insurrection plus tôt qu'on ne le voit. Quelque ambitieux ou fanatique parle de guerre; on oblige par la violence en actes ou en menaces le chef nommé par la France à s'éloigner, et on le remplace par un partisan d'Abd-el-Kader; on se réunit en conciliabules où se montrent quelques centaines d'hommes, et où l'on décide à l'unanimité que le voisin le plus faible est nécessairement ami des Français, ennemi de Dieu et de Mahomet, et justement passible de toute spoliation, exaction et vexation que de droit. Après cette sentence, on procède à l'exécution, et jamais force ne manque à la loi ; car la confiscation qui appuie et scelle tout jugement de ce genre, vient allumer dans l'ame de tous les assistans une ardente soif de justice, et les champions de ce tribunal en plein air sont toujours beaucoup plus nombreux que les condamnés. Cependant, après s'être gorgés de butin et avoir dormi sur les dépouilles opimes, ces grands justiciers, en apprenant qu'une colonne française vient pour casser leur arrêt, se troublent, et commencent à douter de la bonté de leur cause. A l'approche de nos troupes, ils abandonnent leurs chétives habitations, et fuient vers la montagne. Si leur adresse à se dérober est vaincue par la nôtre à les surprendre, et leur agilité dans la retraite par notre vigueur dans la marche agressive, alors seulement il y a un combat, ou plutôt, ce qui est plus triste, il y a des coups de fusil échangés entre nos soldats, chargés d'arrêter les fuyards, et ceux-ci, qui, par instinct guerrier, sans espoir de succès ni de salut, sombres et résignés à mourir, veulent au moins tomber en frappant un ennemi : spectacle d'une mélancolie aussi poignante, mais plus digne que celui des gladiateurs disant à César : *Morituri te salutant.* Les Arabes aiment mieux tuer qui les tue que le saluer.

En même temps que les combats se sont espacés dans le temps, ils ont reculé dans l'espace, relativement aux centres de notre domination ; si ce n'est du côté de Tenez, où l'insurrection s'est approchée de la mer, une large zone, le long de la côte, a généralement été respectée. Les plaines sont presque partout restées calmes et silencieuses, et le bruit de la mousqueterie ne s'est guère fait entendre que sur les plateaux élevés, dans la haute partie du cours des rivières, dans les contrées éloignées du rivage et des grandes villes, d'où sortent toutes les eaux, et où les gorges profondes et les grandes étendues incultes promettent refuge à ces populations, qui ne portent plus leurs regards en avant sur les terres à envahir qu'aussitôt elles ne les jettent en arrière sur le chemin de la retraite.

On peut donc dire que la veine guerrière des tribus est non à sec, malheureusement, mais fatiguée, ne se manifestant plus que par jets faibles et intermittens, et ne s'alimentant plus que de cette humeur inquiète, turbulente, qui est le fonds même de la nature arabe.

On se tromperait d'ailleurs étrangement, si on mesurait la réussite d'Abd-el-Kader, dans ses dernières campagnes, à l'angle de terrain qu'il a embrassé dans ses courses, et au degré de liberté de ses mouvemens. Il a été à peu près partout où il a voulu, mais il est loin d'avoir fait partout ce qu'il a voulu. Il a vu M. le général de Lamoricière, dans ses mouvemens si brusques et si multipliés, aller reprendre une à une bien des fractions de tribus déjà engagées sur la route de l'émigration, et les replacer comme avec la main sur leurs territoires; M. le général Cavaignac, par de grands coups de filet hardiment lancés sur la frontière marocaine, ramasser d'importans groupes de population, et les ramener sur le bord français; M. le gouverneur, et les colonnes qu'il détachait de la sienne, tenir immobiles et calmes les montagnards de la rive gauche de Riou, quoique l'émir rôdât à l'entour, cherchant un parti à entraîner ou une proie à dévorer, et essayant sa double puissance d'attraction et d'intimidation. Il a tenté en vain la grande et belliqueuse tribu des Beni-Ourags, si long-temps habituée à lui obéir avec enthousiasme, avec amour, et il a côtoyé le pied de toutes ses montagnes, sans oser ni s'y imposer comme ami, ni en forcer l'entrée comme ennemi. Il est probable que ces astucieux Kabailes se seront mis en relation avec leur ancien sultan, et lui auront député quelque membre de la famille vénérée de leur cheik, tandis que celui-ci s'était rendu lui-même au camp de M. le maréchal Bugeaud. Cependant ils n'auront reçu notre ennemi qu'avec de stériles et prudentes marques de respect, et comme ces hôtes qu'on ne veut ni repousser ni introduire chez soi, et qu'on accueille très révérencieusement, pourvu que ce soit sur le seuil seulement, et sans les laisser pénétrer à l'intérieur. Plus tard, Abd-el-Kader a dû quitter les Ouled-Naïls, avant d'y avoir creusé le port qu'il voulait y préparer et y assurer à ses partisans, actuellement réunis dans le Maroc, pour le cas où les inquiétantes dispositions qu'alors l'empereur manifestait à leur égard auraient éclaté sur eux et les auraient dispersés. Malgré la profondeur des issues que lui offrait sa retraite méridionale, dès qu'il vit nos colonnes lancées sur sa piste, il crut prudent de se dérober, et de venir tomber en arrière au milieu des Kabaïles du Jurjura; là, par sa promptitude à rassembler et à abandonner les populations, à venir, voir et fuir, puis à revenir et à fuir de nouveau, comme il lui est arrivé tout récemment, il a donné des preuves nombreuses de sa puissance à exciter les imaginations des races musulmanes, et de son impuissance à les défendre, et même à seconder leurs efforts. Ce n'est plus une chasse au lion que nous menons en Afrique, c'est une chasse au renard.

Certes, quand on examine les circonstances de cette dernière période, en en mettant toutes les faces sous un jour complet, au lieu d'en placer un côté dans la lumière, un autre dans l'ombre; si surtout on tient compte de cette multiplicité de buts de rechange qui se trouvent disposés en relais dans toutes les directions autour d'Abd-el-Kader, et sur chacun desquels il peut se replier à défaut d'un autre qu'il manque, sans que jamais il paraisse dérouté, on reconnaîtra que toute cette suite d'événemens n'est pas un tissu continu de mécomptes pour les Français, de succès pour l'émir; il est permis de croire que, malgré toutes les fautes qu'on a imputées aux premiers, tous les triomphes qu'on a prêtés à ce dernier, celui-ci touche à un temps d'éclipse, et ceux-là au contraire à une phase claire et calme.

En Afrique plus qu'ailleurs, c'est une tâche bien compromettante que de parler de l'avenir, je ne dis pas du grand, mais du plus petit. A travers tant d'individualités fortes et résistantes qui font saillie parmi les Arabes, tant de caprices qui y font loi, un fait dont on veut étudier la marche a des rejaillissemens suivant des angles et à des portées qu'on ne peut calculer d'avance. Il est probable que les ressorts qui poussaient et soutenaient Abd-el-Kader dans toutes ces courses prodigieuses sont usés, et vont le laisser tomber pour un temps dans le silence et l'obscurité; mais qu'on se garde d'agrandir l'importance de ce résultat comme on a grossi dans un sens constamment défavorable à notre situation tous les actes de la dernière campagne, les nôtres comme ceux de l'ennemi ! C'est surtout à l'occasion de l'Afrique qu'il est bon de dire avec Démodocus : *Prions les dieux qu'ils éloignent de nous l'exagération qui détruit le bon sens.* Au sujet d'un pays nouveau, il faut se défendre avec un soin scrupuleux des grandes espérances et des grands découragemens, surtout il faut se méfier de ces faux prophètes qui viennent chatouiller les secrètes faiblesses de la nation en lui annonçant comme prochaine la satisfaction de ses désirs relativement à la pacification et à la colonisation de l'Afrique, et en lui présentant les difficultés du passé et du présent comme de pures conséquences d'une méprise, d'un malentendu. Dans une tâche extrêmement multiple et complexe, la simplicité des moyens proposés est un des signes les plus certains d'insuffisance. Dès qu'on verra la sécurité rétablie et Abd-el-Kader hors de scène, on croira que tout est terminé ; quand ensuite on aura changé quelques personnes, adopté quelques nouveaux systèmes et créé quelques nouveaux emplois, on se persuadera qu'on a pourvu à tout. On oubliera que le principal obstacle à une pacification vraie, c'est que les Arabes sont les Arabes, et à une colonisation sérieuse, c'est que les Français sont les Français. Puis, lorsque les populations, lasses de la paix comme elles le sont peut-être aujourd'hui de la guerre, reprendront les armes ; lorsque, retrempées dans ce fleuve d'oubli qui si facilement coule à travers toute terre barbare et en enlève le lendemain la trace des désastres de la veille, elles reparaîtront fraîches et renouvelées pour le combat, on s'imaginera encore avoir tout expliqué en accusant les nouveaux fonctionnaires ou les nouvelles fonctions, et on se consolera du malheur des circonstances par l'injustice des jugemens. Plût à Dieu que l'on trouvât alors pour combattre le mal d'autres remèdes que ceux que l'on conseille aujourd'hui !

Entre autres recettes, on propose de substituer des colonnes de cavalerie aux colonnes mixtes que nous employons maintenant. On se figure qu'on pourra donner ainsi aux troupes françaises la mobilité et la rapidité qu'ont les Arabes, comme si les assaillans, qui agissent dans de tout autres conditions que les défenseurs, pouvaient rencontrer les mêmes avantages dans l'adoption des mêmes moyens. Les Arabes combattant sur leur territoire, au milieu de leurs frères de race et de religion, même lorsqu'une partie de ceux-ci suivent un autre drapeau, trouvent favorables ou neutres toutes les puissances qui nous sont hostiles; les bois, les torrens, les connaissent et leur livrent tous leurs secrets; les silos se révèlent volontiers à eux et leur abandonnent leurs grains; la retraite la plus inaccessible dans les montagnes et des mains amies reçoivent leurs blessés et leurs malades. Pour nous, au contraire, les buissons cachent de fusils ennemis, et les ravins des embûches; nos blessés, si nous ne les emportons avec nous, ne sont bientôt plus des cadavres sans têtes. Il nous est donc impossible d'aborder les montagnes avec de la cavalerie sans infanterie : là en effet, les rochers, les ravins, les pentes abruptes, se mêlent et se pressent en un chaos inextricable; c'est un semis d'innombrables postes fortifiés d'où les Kabaïles, s'ils n'y étaient attaqués et forcés par nos fantassins, tueraient un à un et à loisir tous nos cavaliers. Dans l'Algérie, la contrée montagneuse, c'est la surface entière du pays, moins les plaines infertiles du sud, que la rareté de l'eau et des grains ferme à de grandes réunions de cavalerie, comme fait ailleurs la configuration du sol. Il faudra toujours à nos cavaliers, aussi nombreux qu'on les suppose, le soutien de quelques compagnies d'infanterie, et dès-lors la vitesse du cheval sera limitée, au moins au-delà d'un certain rayonnement, par celle du fantassin. Dans les circonstances même où l'on peut détacher la cavalerie de la partie lourde d'une colonne avec la chance qu'elle joigne l'ennemi sur un terrain convenable, il y a encore des auxiliaires qu'il faut lui adjoindre : ce sont des mulets avec des cacolets pour enlever les blessés, car beaucoup de blessures ne permettent pas de charger et de transporter ceux qui en sont atteints sur des chevaux pourvus du harnachement ordinaire. On doit, il est vrai, reconnaître que sous l'action de plus grandes masses de cavalerie on ferait sortir de la guerre des résultats plus positifs. On pourrait, à la suite des escadrons qui chargent, faire marcher de fortes réserves qui recueilleraient les blessés et empêcheraient que les flots d'Arabes, au milieu desquels notre petite phalange flotte quelquefois comme un vaisseau sur la mer, ne se refermassent derrière les assaillans comme pour les engloutir. Alors un corps de troupes pourrait sans imprudence, à l'aide de sa cavalerie, faire des mouvemens moins serrés, et soit pour poursuivre, soit pour surprendre l'ennemi, allonger pour ainsi dire le bras à une distance où maintenant il ne porterait pas ses coups sans se découvrir. Un autre avantage résulterait d'une grande augmentation de cavalerie : c'est qu'on pourrait en laisser toujours une partie au repos, et, par une heureuse disposition dans les tours de service, être constamment en mesure d'agir avec des chevaux frais. Mais, s'il est bon de rechercher et d'adopter les améliorations qui se présentent, il faut bien mesurer quelle en est la valeur, et ne pas se préparer de graves mécomptes en prenant le moyen par quoi seulement on détend le nœud de difficultés pour l'épée qui doit le trancher.

Un autre système qui, dans le public, a obtenu grande faveur, c'est celui de l'immobilité. Lorsque le feu de la rébellion s'allume quelque part, il s'éteindrait de lui-même, dit-on, sans le vent que nous faisons à l'entour en nous agitant pour l'éteindre. C'est parce que nous nous portons sur un point où quelques troubles insignifians se sont produits que les populations s'irritent, prennent les armes et se défendent. Il suffit de savoir comment l'insurrection naît, grandit, se propage avec une rapidité et une intensité proportionnelles à l'espace et à la liberté qu'on lui abandonne, comment au contraire elle décroît, s'amoindrit et se dissout à mesure que nos colonnes s'en approchent, la circonscrivent et l'atteignent, pour ne pas accorder à de pareilles idées une sérieuse attention. Veut-on dire que l'armée se charge en Afrique du rôle d'agent provocateur ! Croit-on de bonne-foi que l'on s'amuse à remuer la cendre pour en faire sortir l'étincelle, puis la flamme, afin de se donner la joie de fouler et d'écraser le foyer ? Ceux qui de gaieté de cœur se livreraient à un pareil jeu ne seraient-ils pas les premiers à s'y brûler ?

Il est fâcheux, quand on se hasarde sur un terrain où s'agitent d'ardentes controverses, de n'avoir pas une idée unique, vive et nette, dont on puisse se servir comme d'un mors tranchant, pour arrêter court l'opinion. Il y a des hommes privilégiés qui au bout de chaque discussion ont un précepte tout arrangé, comme une fosse ouverte pour y précipiter et y enterrer la question ; une formule toute prête, comme un cachet pour sceller la pierre du tombeau. Pour moi, je comprends qu'on puisse donner sur les affaires de l'Afrique plusieurs conseils spéciaux ; je ne conçois pas qu'on ose n'en donner qu'un compréhensif, général, étendant sa règle d'airain sur toutes les parties de l'espace et du temps où se développe l'histoire africaine. Il faut, dans ce pays si mobile, une habileté qui soit féconde en métamorphoses, qui, au lieu de se mouler sur la froide abstraction, s'applique exactement sur la réalité chaude et vive, et se prête à toutes les oscillations, à toutes les modifications que le fait vient à subir. Il importe avant tout que l'activité des Français égale l'inquiétude des Arabes, que les soulèvemens soient prévus plutôt que réprimés, et que, dès qu'une première émotion commence à faire frissonner, ne fût-ce que la surface des populations, le drapeau français apparaisse, comme le trident de Neptune, pour chasser les vents et abaisser les flots. Il ne faut pas craindre d'entrer en rapports fréquens avec les tribus et de donner à l'armée française le don de l'ubiquité, pourvu que son omniprésence se manifeste, comme celle de la Providence, en empêchant le mal et produisant le bien. Qu'on ne s'effraie pas de l'idée de violer, par de telles mesures, le précepte qui défend la division des forces; car on reste dans l'esprit de cette loi, dès que dans toutes les opérations, quelque multipliées qu'elles soient, on garde l'avantage sur l'ennemi, soit selon le nombre vulgaire, soit selon une arithmétique où la puissance morale se trouverait représentée par des chiffres. L'ère, je ne dirai pas de la guerre, mais de l'action guerrière, est loin d'être close dans notre nouvelle conquête. Si c'est seulement sous la pression égale et régulière de l'établissement colonial que la terre africaine peut prendre et conserver son assiette définitive, ce n'est que sous les piétinemens de nos soldats qu'on peut refouler et briser ces énergies destructrices qui tendent à sourdre de tout point du sol trop long-temps resté libre, et qui, si on ne les combattait, renverseraient à chaque instant les travaux et les travailleurs, comme ces puissantes émanations repoussant les mains romaines et leur œuvre des fondations que les vainqueurs de la Judée préparaient pour un nouveau temple. Si, parmi quelques vagues indications, il est une pensée que j'oserais exprimer en termes directs et formels, c'est le regret que des préoccupations de politique européenne et des négociations positives avec l'empereur Abderhaman aient écarté le projet d'une campagne sur le territoire marocain. C'est là seulement qu'il y a pour Abd-el-Kader une base considérable d'opérations. Les Ouled-Naïls ne pourraient pas, les Kabaïles du grand massif ne voudraient pas garder et nourrir sur leur territoire de nombreux rassemblemens formés sous l'étendard de l'émir; mais les montagnards de la frontière orientale du Maroc sont dans de telles conditions géographiques et morales, que la volonté de l'empereur ne pourra ni les isoler long-temps d'Abd-el-Kader, ni détourner ces deux forces une fois combinées de fondre sur les domaines de la France. Alors il nous faudra, peut-être avec une armée fort diminuée, accomplir cette entreprise, dont aujourd'hui l'abondance de nos ressources rend l'exécution facile, et dont nos griefs récens et nos plaies saignantes attestent la justice.

Qu'il me soit permis, en terminant, de rassurer ceux qui depuis trois mois ne cessent de s'attrister sur l'état de délabrement et d'exténuation où ils se dépeignent nos troupes. J'ai vu celles-ci au milieu de leurs épreuves, j'ai vécu avec elles, et je n'ai jamais imaginé qu'elles fussent, comme Benjamin et comme Judas, *sans force* et *sans vertu*. J'ai vu des hommes fortifiés plutôt que lassés par des luttes incessantes avec les élémens et avec les besoins de leur propre organisation, bronzés par leur contact continuel avec de dures circonstances, et qui portaient certainement un lourd fardeau de misères et de fatigues, mais qui sous ce poids marchaient vaillamment et comme avec la conscience d'avoir au dedans d'eux-mêmes un grand fonds encore inépuisé d'énergie réactive. Avec leurs figures sérieuses, leurs vêtemens rapiécés et leurs bâtons à la main, les soldats de l'armée d'Afrique ne m'ont nullement apparu, ainsi que l'a dit agréablement un journal, pareils à des mendians; ils m'auraient plutôt rappelé ces mâles pèlerins de Terre-Sainte qui, ayant quitté leur coin de terre, leur chaumière, leur famille, les pieds poudreux, le visage amaigri, les habits en lambeaux, marchaient, marchaient toujours, courbés sous la souffrance, mais se redressant avec orgueil et avec joie chaque fois qu'ils croyaient appercevoir la Jérusalem de leur espérance. En Afrique, il y a des jours où sous la pluie, après de longues marches, loin de l'ennemi, les courages se voilent; mais, à la moindre apparence d'un combat, à la moindre chance entrevue de joindre l'ennemi, de faire un beau coup de main, tout rayonne de nouveau. Il ne faut pas se figurer que ces hommes n'ont pas, aussi bien que leurs pères du moyen-âge, un idéal qui les soutient et les relève. Dans le vide, tout tomberait à plat. Ils savent qu'ils ont donné à la patrie une partie de leur existence, et pendant ce temps ils agissent comme s'ils ne s'appartenaient pas. La patrie leur dit de partir et ils partent, de souffrir et ils souffrent, de mourir et ils meurent. Dans leur ardeur à agir, dans leur force à supporter, il y a un sentiment du beau et du bien, qui est plus ou moins confus selon le développement de l'individu, mais qui ne peut échapper à l'observateur attentif, même lorsqu'il échappe à celui qui au fond de l'ame s'en inspire. Il y a dans la pratique du renoncement à soi et dans la conscience de l'effort, même à travers les douleurs qui quelquefois l'accompagnent, de tels retours de contentement intérieur; il y a dans la vie des camps, dans cette communication continuelle avec la nature, dans la fascination de l'inattendu, dans l'attraction qu'exerce le but proposé, de telles consolations, des excitations si sereines, quelque chose de si vivifiant, qu'on ne sait pas si l'on doit plaindre ceux qui passent ainsi leurs jours. A mon avis, la louange leur va mieux que la pitié; j'avoue n'avoir jamais pu accepter autrement que sous bénéfice d'inventaire cette commisération que quelquefois on accorde aux troupes d'Afrique; il me semble que presque toujours cette aumône sonne faux, comme si le fond en était d'un autre métal que celui dont la surface est recouverte. Sous l'argent de la sympathie, il y a un triple airain de médisance, de haine, de récriminations, et l'éloge en faveur des uns est doublé d'une accusation contre d'autres. D'ailleurs, il ne faut pleurer que fort discrètement sur les infortunes endurées pour la cause du bien et pour l'accomplissement du devoir, car les larmes amollissent ceux qui les répandent et ceux sur qui elles tombent. Souvent, dans ces gémissemens sur les misères de nos soldats, il y a autre chose qu'une émotion sincère, autre chose même qu'un prétexte au blâme; il y a le cri des natures faibles et détendues, qui s'irritent contre les natures énergiques, et s'indignent à la seule idée d'une existence fortement trempée. Il y a le blasphème de la voluptueuse Capoue contre cette Rome où l'on apprend la simplicité, la fierté, le dévouement. Plus d'un, qui ne prétend nullement à être Thémistocle, trouve que les lauriers de Miltiade l'empêchent de dormir, quoiqu'il ne veuille pas plus de Salamine que de Marathon. Comme la mère des Gracques considérait avec un orgueil mêlé de tristes pressentimens ses fils grandissant dans une éducation austère pour devenir les réformateurs de leur pays, la France doit voir avec une joie profonde, quoique mélancolique, avec une mâle satisfaction, qu'une partie de ses enfans se forment aux durs labeurs et à une vie d'abnégation et de sacrifice au devoir. Dieu seul sait quelles tâches sont réservées à la vertu française. Si au-delà des mers il y a des peuples à dégager des liens de la barbarie, de ce côté il y en a d'autres à arracher aux mains sanglantes des barbares.

A. DE LA TOUR-DU-PIN.

(*Extrait de la Revue des deux Mondes, livraison d'avril 1846.*)

www.ingramcontent.com/pod-product-compliance
Lightning Source LLC
Chambersburg PA
CBHW060555050426
42451CB00011B/1925